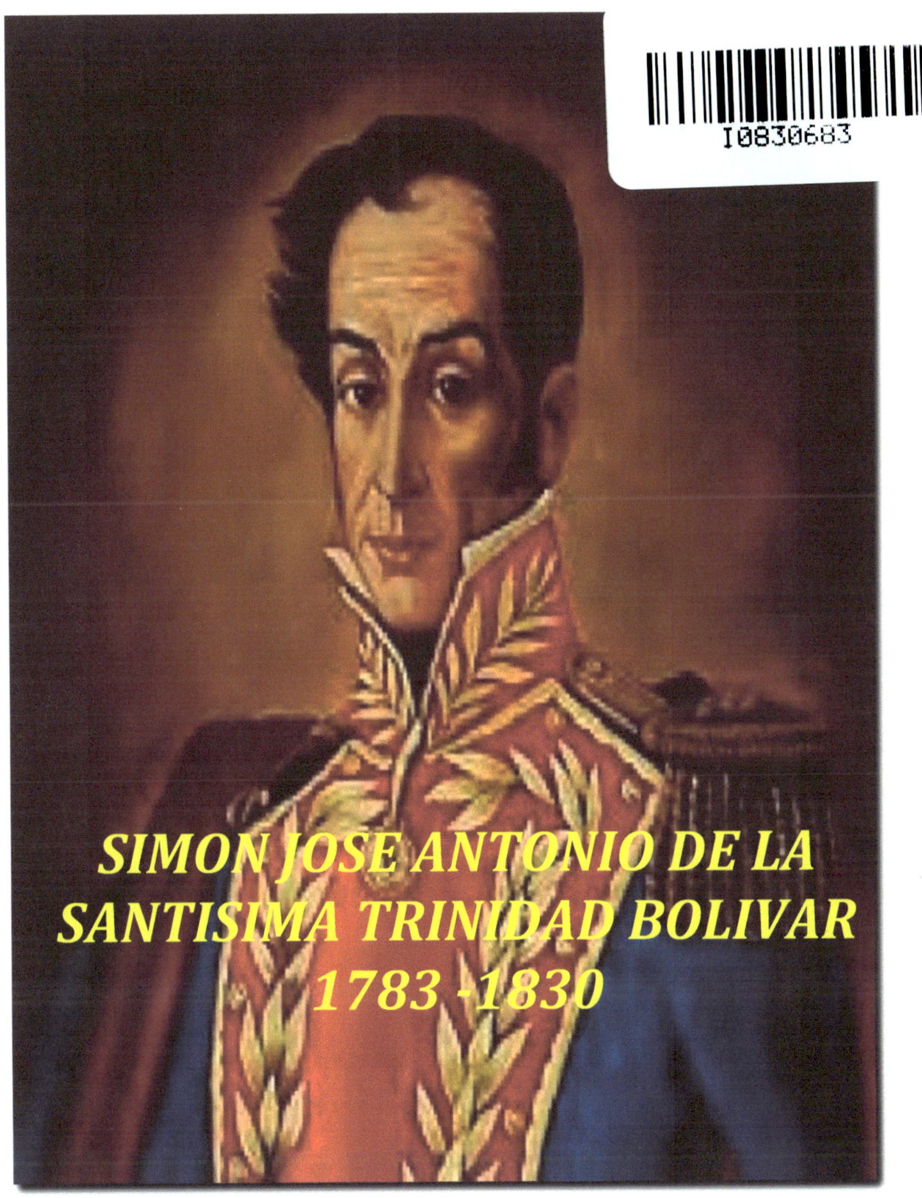
SIMON JOSE ANTONIO DE LA
SANTISIMA TRINIDAD BOLIVAR
1783 -1830

Pensamientos de Simón Bolívar

• Si se opone la naturaleza a nuestros designios, lucharemos contra ella, y la haremos que nos obedezca **(26 de marzo de 1812)**

•... el hombre de bien y de valor debe ser indiferente a los choques de la mala suerte.... **(19 de Septiembre de 1812)**

• Sobre mi corazón no manda nadie más que mi conciencia. **(19 de Septiembre de 1812)**

•Los beneficios que se hacen hoy se reciben mañana, porque Dios premia la virtud en este mundo mismo. **(Carta a Francisco Iturbe, 19 de septiembre de 1813)**

• .... Mi honor es preferible a todo....
...Me vería como un hombre indigno, si fuere capaz de asegurar lo que no estoy cierto de cumplir. **(Carta a su tío Juan Ribas, 8 de octubre de 1812)**

•El partido clerical es siempre adicto a su apoyo y compañero del despotismo **(Memoria a los ciudadanos de Nueva Granada, 15 de diciembre de 1812)**

Pensamientos de Simón Bolívar

• ... el valor la habilidad y la constancia corrigen la mala fortuna, Yo soy... siempre fiel al sistema liberal y justo que proclamó mi patria..... **(15 de Diciembre de 1812)**

•Id veloces a vengar al muerto, a dar vida al moribundo, soltura al oprimido y libertad a todos. (**Mensaje a los ciudadanos de Nueva Granada, 15 de diciembre de 1812**)

•Como amo la libertad tengo sentimientos nobles y liberales, y si suelo ser severo, es solamente con aquellos que pretenden destruirnos. (**Carta a Juan Jurado, 8 de diciembre de 1814**)

Pensamientos de Simón Bolívar

Batalla de Boyacá (1810-1825)

•Huid del país donde uno solo ejerza todos los poderes: es un país de esclavos. (**Discurso en el Convento de Franciscanos de Caracas, 2 de enero de 1814**)

•No es lo asequible lo que se debe hacer, sino aquello a que el derecho nos autoriza. (**Manifiesto de Carúpano, 7 de septiembre de 1814**)

•Yo desprecié los grados y distinciones. Aspiraba a un destino más honroso: derramar

Pensamientos de Simón Bolívar

mi sangre por la libertad de mi Patria. (**Discurso en el Convenio de Franciscanos de Caracas, 2 de enero de 1814**)

•Para nosotros la Patria es la América. (**Proclama a la División de Urdaneta, 12 de noviembre de 1814**)

•Mi ambición se limita a libertar mi país y a ser estimado como hombre de bien por mis coetáneos. (**Carta a Juan Jurado, 8 de diciembre de 1814**)

•Cualquier a que sea mi suerte en lo adelante, mi último suspiro ser á mi país. (**Carta al**

Pensamientos de Simón Bolívar

Presidente de las Provincias Unidas de la Nueva Granada, 8 de mayo de 1815)

•Amo la libertad de la América más que mi gloria propia, y para conseguirla no he ahorrado sacrificios. **(Carta al Presidente del Gobierno General de Nueva Granada, 27 de mayo de 1815)**

•Un americano no puede ser mi enemigo ni aun combatiendo contra mí bajo las banderas de los tiranos. **(Carta a Cavero E. Hyslop, 2 de diciembre de 1815)**

•La justicia es la reina de las virtudes republicanas, y con ellas se sostienen la igualdad y la libertad. **(Discurso en Bogotá, 13 de enero de 1815)**

•El que lo abandona todo por ser útil a su país, no pierde nada, y gana cuanto le consagra. **(Carta -reproduciendo acta- al Presidente de las Provincias Unidas de la Nueva Granada, desde Kingston, 10 de septiembre de 1815)**

•La desesperación no escoge los medios que la sacan del peligro. **(Carta al editor de la Gaceta Real de Jamaica, septiembre de 1815)**

Pensamientos de Simón Bolívar

•El peso de la libertad es liviano, pero también es difícil mantenerlo en equilibrio aún en las naciones más cultas y civilizadas. (**Carta al editor de "The Royal Gazette", 28 de septiembre de 1815**)

Campaña Admirable, San José de Cúcuta, 14 de mayo de 1813

•En las guerras civiles es política el ser generosos, porque la venganza progresivamente se aumenta. (**Carta a Pedro Gual, 9 de febrero de 1815**)

•La aclamación libre de los ciudadanos es la única fuente legítima de todo poder humano.

Pensamientos de Simón Bolívar

(Carta al Gral. Petión, Presidente de Haití, octubre de 1816)

•¡ He proclamado la libertad absoluta de los esclavos!. **(Carta al Gral. Mar ion, 27 de junio de 1816)**

Batalla de Carabobo, 24 de Junio de 1821

•Si la lisonja es un veneno mortal para las almas bajas, los elogios debidos al mérito alimentan las almas sublimes. **(Carta al Gral. Petion, Presidente de Haití, 9 de octubre de 1916)**

•Formémonos una Patria a toda costa y todo lo demás será tolerable. **(Carta a Luis Brión, 2 de enero de 1816)**

Pensamientos de Simón Bolívar

•Prefiero un combate con los españoles a disgustos entre los patriotas. **(Carta al Gral. Piar, 19 de junio de 1817**).

•Es preferible la muerte a la expatriación. (**Carta al Marqués de Toro, 27 de junio de 1817**)

•La fortuna no debe luchar vencedora contra quienes la muerte no intimida; y la vida no tiene precio sino tanto que es gloriosa. (**Carta al Gral. Briceño, 1 de enero de 1817**)

•La primera de todas las fuerzas es la opinión pública. (**Discurso en Angostura, 1 de noviembre de 1817**)

Pensamientos de Simón Bolívar

• La amistad es mi pasión. (**Carta al Cnel. Palacios, 16 de mayo de 1817**)

• Más cuesta mantener el equilibrio de la libertad que soportar el peso de la tiranía. (**Discurso ante el Congreso de Angostura, 15 de febrero de 1819**)

• La República tanto gana con la destrucción de un buen realista como de un mal ciudadano. (**Carta al Cnel. Antonio Morales, 25 de febrero de 1820**)

• La mejor política es la honradez. (**Carta al Gral. Santander, 17 de agosto de 1820**)

• El primer día de paz, ser á el último de mi mando. (**Carta Gral. Santander, 10 de junio de 1820**)

• Lo presente ya pasó, lo futuro es la propiedad del hombre, pues éste siempre vive lanzado en la región de las ilusiones, de los apetitos y de los deseos. (**Carta al Gral. Santander, 19 de junio de 1820**)

Pensamientos de Simón Bolívar

•La paz será mi puerto, mi gloria, mi recompensa, mi esperanza, mi dicha y cuanto es precioso en el mundo. **(Carta al Gral. Santander, 23 de julio de 1820)**

•Las discordias que nacen de la unión que yo he procurado formar, me hacen sufrir las agonías del suplicio. **(Carta al Gral. Santander, 10 de junio de 1820)**

•Nada, sino las malas acciones, debe molestar a los hombres. **(Carta al Gral. Español Pedro Morillo, 30 de noviembre de 1820)**

Pensamientos de Simón Bolívar

Estatua de Simón Bolívar Cartagena, Colombia

•La educación forma al hombre moral, y para formar un legislador se necesita ciertamente educarlo en una escuela de moral, de justicia y de leyes. **(Carta a Guillermo White, 26 de mayo de 1820)**

•Sin moral republicana no puede haber gobierno libre. **(Carta a Guillermo White, 26 de mayo de 1820)**

Pensamientos de Simón Bolívar

Estatua de Simón Bolívar En Bolívar, Missouri (EEUU)

•Es imperturbable nuestra resolución de independencia o nada. (**Carta al Gral. Santander, 7 de julio de 1820**)

•Siempre el ladrón tiene miedo de la justicia. (**Carta al Gral. Santander, 14 de febrero de 1821**)

•Es nuestra ambición ofrecer a los españoles una segunda patria, pero erguida, no abrumada de cadenas. (**Carta a Fernando VII, 24 de enero de 1821**)

Pensamientos de Simón Bolívar

•Deseo irme lo más lejos que pueda a descansar de tanta pena que me dan los males ajenos. **(Carta al Gral. Páez, 18 de enero de 1821)**

Estatua de Simón Bolívar, Berlín Alemania

•Yo no escribo a los que amo sino cuando necesito de ellos. **(Carta al Gral. Urdaneta, 24 de agosto de 1821)**

•Yo creo más en el honor que en las pasiones. **(Carta al Gral. M. Montilla, 15 de octubre de 1821)**

Pensamientos de Simón Bolívar

•No creo ninguna cosa tan corrosiva como la alabanza. (**Carta al Gral. Santander, 15 de abril de 1823**)

•Bastante me han criticado por haber hecho el bien a pesar de mi deber. (**Carta al Gral. Santander, 29 de abril de 1823**)

•Yo no sé jamás degradarme a fingir y mucho menos a negar. (**Carta al Gral. Santander, 14 de mayo de 1823**)

•Las cosas, para hacerlas bien, es preciso hacerlas dos veces: la primera enseña la

Pensamientos de Simón Bolívar

segunda. (**Carta al Gral. Sucre, 24 de mayo de 1823**)

•Yo no quiero lujo en nada, pero tampoco indecencia. (**Carta a Anacleto Clemente, 29 de mayo de 1823**)

•Nadie puede hablar de sí sin degradar de algún modo su mérito. (**Carta al Gral. Santander, 14 de junio de 1823**)

•Cuanto más me elevo tanto más hondo se ofrece el abismo. (**Carta al Gral. Santander, 21 de julio 1823**)

Buque Escuela Simón Bolívar

•La ofensa hecha al justo es un golpe contra mi corazón y yo no quiero precipitar mi mano

Pensamientos de Simón Bolívar

contra mi propio pecho. **(Carta al Gral. Santander, 30 de octubre de 1823)**

•El que no está con la libertad puede contar con las cadenas del infortunio y con la desaprobación universal. **(Carta al Gral. Santander, 29 de abril de 1823)**

•El honor es el mejor guía del laberinto de las revoluciones. **(Carta a Martín J. Guise, Vicealmirante del Perú, 24 de diciembre de 1823)**

•De las cosas más seguras, la más segura es dudar. **(Carta al Gral. Sucre, 26 de noviembre de 1824)**

Pensamientos de Simón Bolívar

•La libertad del mundo está dependiente de la salud de América. **(Carta a Sir Robert Wilson, Gener al inglés, 15 de noviembre de 1824)**

•A los enemigos no se les engaña sino lisonjean dolos. **(Carta al Cnel. Tomás Heres, 9 de enero de 1824)**

•Mi único tesoro es mi reputación. **(Carta al Presidente del Congreso de Colombia, 9 de enero de 1824)**

•La ingratitud es el crimen más grande que pueden los hombres atreverse a cometer. **(Carta al Cnel. Vicente Aguirre, 9 de enero de 1824)**

•Usted sabe que yo no sé mentir, y también sabe usted que la elevación de mi alma no se degrada jamás al fingimiento. **(Carta al Gral. Sucre, 4 de septiembre de 1824)**

• La gloria está en ser grande y en ser útil. **(Carta al Gral. Sucre, 4 de septiembre de 1824)**

Pensamientos de Simón Bolívar

•Por triste que sea nuestra muerte, siempre será más alegre que nuestra vida. (**Carta a Fernando Peñalver, 10 de noviembre de 1824**)

•Mis tristezas vienen de mi filosofía, y yo soy más filósofo en la prosperidad que en el infortunio. (**Carta al Marqués del Toro, 10 de noviembre de 1824**)

•Lo que está más lejos de mí es el dolo y la perfidia. (**Carta al Gral. Olañeta, 15 de diciembre de 1824**)

Pensamientos de Simón Bolívar

- Yo quiero vivir libre y morir ciudadano. (**Carta al Gral. Santander, 20 de diciembre de 1824**)

- Noche y día me atormenta la idea en que están mis enemigos, de que mis servicios a la libertad son dirigidos por la ambición. (**Carta al Presidente del Senado de Colombia, 22 de diciembre de 1824**)

- Una vida pasiva e inactiva es la imagen de la muerte, es el abandono de la vida; es anticipar la nada antes de que llegue. (**Carta al Gral. Sucre, 20 de enero de 1825**)

Pensamientos de Simón Bolívar

•La gloria debe ser insaciable cuando se funda en sus verdaderos principios. (**Carta al Gral. La Mar, 17 de febrero de 1825**)

•Mi sinceridad es tal que me considero criminal en todo aquello que reservo. Yo soy un hombre diáfano. (**Carta al Gral. Santa Cruz, 11 de marzo de 1825**)

•Un hombre sin estudios es un ser incompleto. (**Carta a su hermana María Antonia, abril de 1825**)

•La familia es un tesoro en que todos tienen intereses. (**Carta a su hermana María Antonia, abril de 1825**)

•No hay más dicha ni desdicha que prudencia e imprudencia. (**Carta a su hermana María Antonia, abril 1825**)

•No siempre lo justo es lo conveniente, ni lo útil, lo justo. (**Carta al Gral. Sucre, 26 de abril de 1825**)

•La sabiduría aconseja la resignación más absoluta de los decretos del destino para

Pensamientos de Simón Bolívar

disminuir sus rigores. (**Carta al Gral. Urdaneta, 8 de abril de 1825**)

Monumento de Simón Bolívar en la Ville de Quebec, Canadá

•Tengamos una conducta recta y dejemos al tiempo hacer prodigios. (**Carta al Cnel. Heres, 20 de abril 1825**)

•Más hace en un día un intrigante que cien hombres de bien en un mes. (**Carta al Dr. J. Hipólito Unanue, 30 de mayo de 1825**)

•La existencia es el primer bien: y el segundo es el modo de existir. (**Carta al Gral. Santander, 28 de junio de 1825**)

Pensamientos de Simón Bolívar

•Mi mayor anhelo es que los colombianos salgan del Perú inmaculados. (**Carta al Gral. Her es, 7 de julio de 1825**)

•Yo he hecho lo que he podido por el bien de los hombres y de los buenos principios. (**Carta al Gral. Santander, 19 de agosto de 1825**)

•Protegeré la religión hasta que me muera. (**Carta a su hermana María Antonia, 27 de octubre de 1825**)

•Ya es tiempo de esperar sin reposo la muerte para medio vivir los peores años de la vida. (**Carta al Gral. Santander, 12 de diciembre de 1825**)

Pensamientos de Simón Bolívar

•Bolívar es incapaz de corromper a sus amigos porque nada puede pretender que no sea justo. **(Carta al Ábate de Pradt, 21 de marzo de 1826)**

Simón Bolívar y su perro Nevado

•El mando me disgusta tanto como amo la gloria, y gloria no es mandar sino ejercitar grandes virtudes. **(Carta al Gral. Santander, 7 de abril de 1826)**

•Aunque me cueste la vida voy a impedir la guerra civil. **(Carta al Gral. Salom, 17 de diciembre de 1826)**

Pensamientos de Simón Bolívar

•Mi gloria se ha fundado sobre el deber y el bien. **(Carta al Gral. Páez, 23 de diciembre de 1826)**

•Quiero salir ciertamente, del abismo en que nos hallamos, pero por la senda del deber y no de otro modo. **(Carta al Gral. Páez, 23 de diciembre de 1826)**

•El instinto es un consejero leal; en tanto que la pedantería es un aire mefítico que ahoga los buenos sentimientos. **(Carta al Gral. Santander, 1826)**

• Primero el suelo nativo que nada: el ha formado con sus elementos nuestro ser; nuestra vida no es otra cosa que la esencia de nuestro pobre país. **(26 de Octubre de 1826)**

•Hacer el bien y aprender la verdad, únicas ventajas que la Providencia nos ha concedido en la tierra.... **(15 de Enero de 1827)**

•Hacer bien y aprender la verdad son las únicas ventajas que la providencia nos ha concedido en la tierra. **(Carta a Jeremías Bentham, 15 de enero de 1827)**

Pensamientos de Simón Bolívar

•Quiero asegurar después de mi muerte una memoria que merezca bien de la libertad. **(Carta al Presidente del Senado de Colombia, 5 de febrero de 1827)**

Pensamientos de Simón Bolívar

•El gran poder existe en la fuerza irresistible del amor. (**Carta al Gral. Sucre, 6 de abril de 1827**)

•Yo podría arrollarlo todo, más no quiero pasar a la posteridad como tirano. (**Carta a Sir Robert Wilson, General inglés, 30 de abril de 1827**)

•La amistad es más fuerte que la fortuna. (**Carta a Sir Robert Wilson, General inglés, 30 de abril de 1827**)

•Esfuerzos inauditos me han arrancado la energía de la vida y, por consiguiente, me hallo reducido al más triste desaliento. (**Carta a Sir Robert Wilson, General inglés, 26 de mayo de 1827**)

•La amistad es preferible a la gloria. (**Carta al Gral. Sucre, 8 de junio de 1827**)

Pensamientos de Simón Bolívar

•Recibo con mucho placer un bastón que usted me dá; es la imagen del mando, que yo aborrezco, por lo que jamás uso tal insignia. **(Carta a Francisco de Iturbe, 1 de julio de 1827)**

•El mando pesa más que la muerte al que no tiene ambición. **(Carta al Gral. José de la Mar, 22 de octubre de 1827)**

•Yo siento por lo presente y por los siglos futuros. **(Carta a Sir Robert Wilson, Gener al inglés, 13 de noviembre de 1827)**

Pensamientos de Simón Bolívar

Monumento de Simón Bolívar en Buenos Aires, Argentina

•El hombre es hijo del miedo, y el criminal y el esclavo mucho más. (**Carta a J. M. Castillo Rada, Presidente de la Convención de Colombia, 11 de abril de 1828**)

•Es difícil hacer justicia a quien nos ha ofendido. (**Carta a J. M. Castillo Rada**, **Presidente de la Convención de Colombia, 11 de abril de 1828**)

•Mis temores nunca me han burlado. Ellos son presagios infalibles. (**Carta a J. M. Castillo Rada, Presidente de la Convención de Colombia, 24 de abril de 1828**)

Pensamientos de Simón Bolívar

Estatua en honor a Simón Bolívar en San Francisco (USA).

•El título de amigo solo vale por un himno y por todos los dictados que puede dar la tierra. **(Carta a J. R.l Arboleda, 1 de junio de 1828)**

•Una vida entera de merecimientos cubre un momento de flaqueza. **(Carta a J. M. Restrepo, 3 de junio de 1828)**

•Nadie es grande impunemente, nadie se escapa al levantarse de las mordidas de la envidia. **(Carta a J. M. Restrepo, 3 de junio de 1828)**

Pensamientos de Simón Bolívar

•Yo tengo demasiada fuerza para rehusar ver el horror de mi pena. (**Carta al Gral. Córdoba, julio de 1828**)

•Mi vida: blanco de odios implacables. (**Alocución a los Colombianos, 12 de noviembre de 1828**)

• El comercio exterior.. Una profesión, que únicamente estriba en el crédito y buena fe. Y ¿Qué comercio habrá sin cambios y sin provechos? (**29 de Febrero de 1828**)

• ...la destrucción de la moral pública causa bien pronto de la disolución del estado... (**06 de Enero de 1829**)

Pensamientos de Simón Bolívar

•El bien como el mal, da la muerte cuando es súbito y excesivo. **(Discurso en el Congreso de Angostura, 15 de febrero de 1829)**

•La clemencia con los criminales es un ataque a la virtud. **(Carta a Estanislao Vergara, 22 de abril de 1829)**

•El menor mal es el mayor bien posible. **(Carta a José Fernández, 27 de abril de 1829)**

•Los asesinos, los ingratos, los maldicientes y los traidores, han rebosado la medida de mi sufrimiento. **(Carta al Dr. José María del Castillo, 1 de junio de 1829)**

Monumento a Simón Bolívar, Washington (USA)

Pensamientos de Simón Bolívar

•La bondad es la exclusión de todos los defectos y de todas las maldades. (**Carta al Dr. José María del Castillo, 1 de junio de 1829**)

•No es lo mejor lo más bueno si no hay posibilidad de hacer ejecutar lo que se intenta. (**Carta a Estanislao Vergara, 29 de junio de 1829**)

•Prefiero la ruina de Colombia a oír llamar con el epíteto de usurpador. (**Carta a Estanislao Vergara, 13 de julio de 1829**)

•Mejor estar tranquilo que vivir sobre el trono del universo. (**Carta al Gral. Urdaneta, 13 de julio de 1829**)

Pensamientos de Simón Bolívar

•La verdad pura y limpia es el mejor modo de persuadir. (**Carta al Gral. Urdaneta, 3 de agosto de 1829**)

•La ingratitud me tiene aniquilado el espíritu habiendo privado de todos los resortes de acción. (**Carta a José F. Madrid, 16 de agosto de 1829**)

•La muerte es la cura de nuestros dolores. (**Carta a Joaquín Mosquera, 3 de septiembre de 1829**)

•Es la desgracia del hombre el no contentarse nunca. (**Carta al Gral. Diego Ibarra, 20 septiembre de 1830**)

Pensamientos de Simón Bolívar

•Yo no pido por recompensa más que el reposo y la conservación de mi honor. (**Carta al Gral. Pedro Briceño, 20 de septiembre de 1830**)

•Un desengaño vale más que mil ilusiones. (**Carta al Dr. Estanislao Vergara, 25 de septiembre de 1830**)

•La amistad que siento por usted es más pura que la luz del sol. (**Carta al Dr. Estanislao Vergara, 8 de diciembre de 1830**)

Pensamientos de Simón Bolívar

Panteón Nacional Caracas, Venezuela

• Mis últimos votos son por la felicidad de la patria. Si mi muerte contribuye para que cesen los partidos, y se consolide la Unión, yo bajare tranquilo al sepulcro. (**10 de Diciembre de 1830**)

•He sido víctima de mis perseguidores, que me han conducido a las puertas del sepulcro. Yo los perdono. (**Manifiesto a los pueblos de Colombia, 10 de diciembre de 1830**)

Pensamientos de Simón Bolívar

Tumba de Simón Bolívar Panteón Nacional, Caracas Venezuela

Solo la Democracia en el concepto es susceptible de una absoluta libertad...

Simón Bolívar
(15 de Febrero de 1819)